AF449018

Gloria Portugal
TARDE LLEGARON LAS HADAS
Buenos Aires Poetry, 2025
52 pp.; 13,34 cm x 20,32 cm.
ISBN 978-631-6688-06-4
Poesía Perú.

Editorial ©Buenos Aires Poetry

Colección ©Pippa Passes

Diseño editorial ©Camila Evia

BUENOS AIRES POETRY

editorial@buenosairespoetry.com

www.editorialbuenosairespoetry.com

BUENOS
AIRES
POETRY

TARDE
¡LEGARON
LAS HADAS

Gloria Portugal

PIPPA
PASSES

p. 13   Llorar sobre leche derramada

p.14   Decidí morir en la noche de navidad

p.15   En la feria ella era uno de los premios menores

p.16   Docenas de diminutos corazones

p.17   En la berma crecen girasoles

p.18   Nueve de octubre

p.19   Se sobrevive a la noche

p.20   Hablo por teléfono con mi madre

p.21   De mi cuello debe colgar mi fotografía

p.22   No me gustó el final del libro

p.23   Hacía mucho que había nacido

p.24   Algún día un príncipe vendrá a rescatarme

p.25   Hubo un tiempo en que

p.26   El día en que me bautizaron

p.27   Nunca necesité un vestido

p.28   Ella corría con las agujas del reloj

p.29   Acaba de llegar el hada del olvido

p.30   Lo amé sin tregua por muchos años

p.31   Al caminar contábamos nuestros pasos

p.32   En vida nunca me escribió un poema

p.33   Cuando terminé la primaria

p.34   Mis manos están vacías

p.35   Querida Virginia

p.36   Nunca aparece mi imagen

p.37   Pareciera que lo importante

p.38   Vínculo matrimonial

p.39   Me la encontré en el bus

p.40   Corazón atravesado por una flecha

p.41   Siendo un conejo no estaba bien

p.42   Tengo un tomate entre mis manos

p.43   Cupido por ahí revoloteaba

p.44   De mis amigos imaginarios recuerdo

p.45   El gras se torna azul

p.46   De todas las que invoqué

p.51   *Sobre la autora*

TARDE LLEGARON LAS HADAS

*

Gloria Portugal

Podría haber sido otro cuento, el que se suponía
que tenía que haber sido,
en lugar del que fue.

MARK STRAND

LLORAR SOBRE LECHE DERRAMADA

era la tradición familiar. Solíamos tropezar con las mismas piedras.
Quebrados nuestros exóticos cántaros,
ya podíamos romper en llanto.

Otras veces, los depósitos llegaban intactos con el líquido
espumeante. Entonces lo poníamos a calentar
y montábamos guardia al costado de la estufa.

Sí: en un descuido se elevaba hirviente,
en dos o tres segundos había rebosado la vasija.
No lloréis sobre leche derramada, decía la abuela,

la única sabia en mi clan de erráticos noctámbulos.
Pero nosotros no escuchábamos
y extendíamos nuestro lamento hasta el amanecer.

DECIDÍ MORIR EN LA NOCHE DE NAVIDAD

Horas antes, al ver mi reflejo en un espejo,
constaté con horror que me había convertido
en aquello que siempre odié: un vulgar adulto rígido,

incapaz de comprender. ¿Para qué continuar la farsa?
¿Por qué seguir soportando el tormento de los villancicos?
 Acostumbrada al plagio, opté por imitar una muerte inteligente.

Vinieron a mi memoria las horas finales
de aquellos altos, atormentados espíritus
a quienes guardo devoción.

Más no existe tal muerte, ingenuo lector.
Y si la hubiera ¿a quién le sirve? Tuve miedo
de dejar a mis estúpidos versos desamparados.

No quise convertirme en el globo de helio
que abandona al niño a pesar de sus lágrimas.

EN LA FERIA ELLA ERA UNO DE LOS PREMIOS MENORES

No terminaba de comprender por qué los visitantes
codiciaban a la enorme y lejana osa
—de mirada soberbia y grotesco lazo rojo—

y no a ella, una de las blancas conejitas de felpa
que a la mano se ofrecía sin reservas.
¡Bang! Hacía el fusil de juguete sin dar en el blanco.

Entonces la tomaban por las orejas y la entregaban al frustrado
                                                      |tirador
quien se la metía al bolsillo con un gesto de resignación.
Contrariado como estaba por haber fallado,

no reparaba en lo hermosa que, aunque modesta,
también era su coneja.

DOCENAS DE DIMINUTOS CORAZONES

hierven en la cacerola.
Primero han de cocinarse, luego retiraré
el agua y en aceite abundante los freiré.

Cuando los sirva con cebollas doradas,
nadie preguntará por el amor de las aves.
 Abre tu corazón, yo haré que me ames,

dirá una vez más la vieja pájara
que canta dentro de la radio.

EN LA BERMA CRECEN GIRASOLES

Son altos y gallardos como soldados de plomo.
Inclinan sus cabezas sobre mí cuando cruzo la avenida.
A veces me detengo a saludarlos. Son los días
en que salgo de casa un minuto más temprano.

Cierta vez, la mujer que los regaba
nos sorprendió en pleno intercambio.
¿Te gustan? Te los regalo— dijo.
Yo, con amabilidad, decliné su ofrecimiento.

Mientras me alejaba pensé en las estrellas
que, como las flores, a nadie pertenecen.

NUEVE DE OCTUBRE

Un día como hoy mi hija nació. Todos esperaban un varoncito.
Comparada con aquella, mi ambición era inferior:
Deseaba que si era niña no fuera como yo.

Los abuelos tardaron varias horas en recuperarse de su decepción.
(¡Otra mujer en el mundo! ¿Para qué?)
La bebita, ajena a su condición de premio consuelo,

se dedicaba a explorar su nuevo entorno.
Primero aprendió a protestar contra la hostilidad.
Luego, a chuparse la manita para tolerar la angustia.

Al final, decidió ignorar lo que no se puede cambiar.
Lo hace aún.

SE SOBREVIVE A LA NOCHE

como al invierno y a la locura.
El despertador no se equivoca. El tiempo es nada.
Abro los ojos y sigo soñando.

Los geranios de la maceta amanecieron marchitos.
Se deshojaron sobre las baldosas durante el amanecer.

Pensé que nunca morirían por ser de plástico.

dos o tres veces por semana. Ella ha sido mi madre por más de cuarenta años, pero yo he sido su hija por muchos menos. Es posible que ahora no seamos lo uno ni lo otro, tal vez solo hermanas o amigas un tanto cercanas. Aunque "cercanas" es palabra inapropiada debido al mar de nubes, piedras, cerros, bosques que nos separan. Siempre habla del clima exageradamente cálido, o de la lluvia que cruelmente se precipita sobre su techo de calamina. Tan vívido es su reporte meteorológico que a veces me despojo de mi suéter con prisa o cedo al reflejo de buscar un paraguas ante el repentino aroma de la tierra mojada. Luego de eso, pasa a hablarme de las píldoras que toma para sus catorce enfermedades. Justo ahí, veces antes de la número doce, suena una alarma avisándome que en un minuto acabará la llamada. Entonces me despido deseándole pronta mejoría a todos sus malestares. Ella suele alcanzar a preguntar "¿y tú cómo estás?" por puro trámite. "Bien, mami", le digo, aunque en realidad deseo dejar de morder mi lengua y contarle que hace mucho habito un agujero negro. Pero callo. Callo porque recuerdo que ahora soy la madre de esa dama.

DE MI CUELLO DEBE COLGAR MI FOTOGRAFÍA

Soy yo y no otra, con seguridad lo afirmo,
pero parece no ser suficiente.
Cada día llego puntual a mis labores.

Cuando regreso a casa me quedan menos
días en este mundo, le explico al vigilante.
La foto, la foto, me exige, parece no escucharme,

si es usted ha de probarlo.
La busco, entonces, la muestro.
Esa de ahí, digo, ya no existe.

NO ME GUSTÓ EL FINAL DEL LIBRO

Todo iba tan bien y en el último párrafo un desastre:
el bello adolescente apuñala a su imagen plasmada en un lienzo
y un anciano detestable cae al suelo con una daga en el corazón.

Nunca tuve paz después de tan horrible desenlace.
¿Para qué sirve el arte? Había preguntado el autor en el prólogo.
Para nada, se había respondido.

Fue una advertencia que decidí ignorar.

cuando llegaron las hadas. Ya era miope y tenía la belleza de un animal elemental. Sabía leer, aunque sin comprender y le temía a la oscuridad. Nadie me expulsó del Paraíso Terrenal: al cumplir la edad de los cielos estrellados decidí hacer mi maleta y largarme de una vez. Me hice la sorda cuando una serpiente me llamó por mi nombre y me ofreció "el conocimiento". Era demasiado desconfiada para creer en el vasto contenido de un único fruto. Los ángeles de la entrada no me vieron salir. Nadie notó mi ausencia durante los siguientes años. No sabía lo que era el amor, pero quería aprender. Debí haber ido a una biblioteca— las enciclopedias habrían sido de utilidad—. Preferí meterme en líos. A la edad de las ilusiones rotas, me paré a descansar. Hubiera regresado por donde había venido, a pesar de estar tan lejos de casa. *There's no place like home*, decían los pájaros y yo no les creí. Ya estaba grande para cuentos.

ALGÚN DÍA UN PRÍNCIPE VENDRÁ A RESCATARME

pensaba mi madre—
y tendré casa propia con un bello jardín.
Podía leer sus pensamientos. Tenía paciencia infinita

para escucharle leer su pliego de reclamos a mi padre
quien hundido en su sillón y su periódico
la escuchaba como a la lluvia.

La omnipresencia y la invisibilidad eran otros de mis poderes.
Mas, producir culpa, al emerger conmocionada de abajo de
la cama, otra locación para sus maratónicas afrentas,

era mi mayor poder.
Tiempo después la rescataron de su casucha alquilada.
Volvió donde sus padres, del brazo de un duende muy, muy feo.

Ella dice que es un dignísimo y apuesto caballero.
Yo supongo que, al fin y al cabo,
su opinión es lo que cuenta.

HUBO UN TIEMPO EN QUE

el sol me seguía. Se movía, corría conmigo.
Fue divertido hasta que supe la verdad:
hacía lo mismo con otras niñas, otros niños,

con todo el mundo. Ofendida, prometí no mirarlo
de nuevo. Luego me distrajeron otros astros
y me olvidé de él.

Un día recordé aquel infantil juego y comprendí
que él nunca se movió, no fue un ser promiscuo
ni me traicionó.

Hicimos las paces.

EL DÍA EN QUE ME BAUTIZARON

me dijeron que se habían borrado todos mis pecados.
Me obsesioné con no pecar nunca más.
¿Cuán difícil podría ser?

Al dejar el templo con mi reluciente alma,
vi a una niña de la mano de su papá. Y yo estaba sola.

Entonces me inundó de nuevo la oscuridad y pequé:
Los miré con envidia.

NUNCA NECESITÉ UN VESTIDO

ni una carroza para ir a un baile.
Prefería quedarme en casa a leer a Shakespeare.
Tampoco soñaba con príncipes:

a los sapos los aceptaba tal cuales eran,
sabía que mis besos jamás los convertirían en algo mejor.
Una vez conocí a uno de verdad. Tenía armadura, espada y escudo.

No sé qué le atrajo de mí pues no soy bella ni elocuente.
Él se sentía tan solo que me compadecí y lo besé.
Qué tragedia. Al instante su sedosa piel azul

adquirió una fría tonalidad verdosa.
Luego se fue saltando lentamente por donde vino.
Cuando volvió a mirarme por vez postrera intenté disculparme:

—¿Qué esperabas de una insignificante rana?— croé.

ELLA CORRÍA CON LAS AGUJAS DEL RELOJ

Bajaba rauda las escalinatas, intencionalmente flojas
las correas de sus zapatos. Volteaba a menudo para fijarse
en su anhelado perseguidor. Revisaba su traje de oficina

a media noche. (¿Por qué no se convertía en harapos?)
Más de una vez tropezó y cayó, pero ningún caballero
la ayudó a ponerse de pie. Más de una vez llegó descalza

a su habitación. De nada servía asomarse al balcón
o esperar esa llamada telefónica.
Hoy en día nadie devuelve lo que encuentra.

ACABA DE LLEGAR EL HADA DEL OLVIDO

La había invocado antes, primero de niña,
para borrar de mi recuerdo a los demonios
que manoseaban mi cuerpo de madrugada.

Luego, en la adolescencia, la llamaba con insistencia
pues deseaba dejar de pensar en mis yerros,
aunque con frecuencia me volviera a equivocar.

Dejé de requerirla en mi adultez temprana:
ahí supe de las píldoras para olvidar.
Pero ahora se presenta sin aviso previo,

cuando deseo que las palabras no mueran
antes de llegar a mi boca.
Cuando necesito retener el mar o el río

que a veces aparece ante mis ojos,
o anhelo recordar alguna hermosa tarde

en que fui feliz, sin importar que luego lo echara
todo a perder, como suelo hacer.

LO AMÉ SIN TREGUA POR MUCHOS AÑOS

Él tenía miedo de mi amor.
Deseaba que lo amara menos y así me lo hacía saber.
Tu amor es imposible,

no puedo corresponderte, decía.
Le fascinaba el género epistolar:
con su mano izquierda me daba afectuosos

golpecitos en la cabeza,
con la derecha escribía cartas
a su amante de turno.

AL CAMINAR CONTÁBAMOS NUESTROS PASOS

los sincronizábamos: izquierda, izquierda;
derecha, derecha… Decidimos vivir como palomas
e hicimos un nido con plásticos y papeles
la misma tarde en que dijimos

"para siempre" detrás de una iglesia vieja.
Nadie pudo advertirnos que "siempre"
era demasiado tiempo. Tampoco,
cuán inflamables eran los papeles y los plásticos.

Un día, las violentas chispas de nuestra ira incendiaron
el nido y una palabra rotunda, que no pudimos pronunciar,
emergió de los escombros.

"Final" se leía en el humo. Los bomberos, como las hadas,
 llegaron después. Solo pudieron hacer
el balance de los daños.

EN VIDA NUNCA ME ESCRIBIÓ UN POEMA

Yo me hinchaba, me estiraba,
me esforzaba por ser del tamaño de sus sueños.
Trataba de ocultar mi impureza y parecerme a su madre.

Era una triste vaca que pugnaba
por borrar sus grandes manchas.
        Pasaron los años.

Hoy me entregó unos versos suyos.
Dice que son sobre mí y mi luz que le era invisible.
Ya no los puedo leer. Estoy muerta.

CUANDO TERMINÉ LA PRIMARIA

le pregunté a papá: ¿y ahora qué hago?
Tienes que estudiar la secundaria, me contestó.
Así lo hice y volví a preguntar:

¿y ahora qué hago? Debes ir a la universidad,
dijo. Mejor, que busque marido,
gritó mi madre desde la cocina.

Obedecí a ambos y volví donde mi padre
para que me dijera qué seguía después.
Ya no lo encontré ahí.

Se había jubilado y vivía solo en una azotea.
Criaba conejos blancos que vendía
a los magos de la ciudad.

Hacía bolitas de arcilla que arrojaba
a los transeúntes.
Parecía feliz.

MIS MANOS ESTÁN VACÍAS

Antes hacía magia. Podía esbozar media sonrisa
y conseguir un caramelo de menta. Con una sonrisa completa
detenía el tráfico sin que me insultaran.

Desmembraba dientes de león y el cielo se llenaba de estrellas.
Trocaba hojas de papel bond usado en palomitas de origami.

Hasta incluso, más de una vez, convertí un vaso de modesta
agua potable en deliciosa limonada *frozen*.
No creo haber perdido mis dones de repente.

Tal vez nunca los tuve y solo superpuse
un cuento de hadas sobre mi melodrama.
Un gastado lapicero nunca será una varita mágica.

Es lo único que poseo además de mis palabras
y un nombre que me queda grande.

QUERIDA VIRGINIA

¡Al fin tengo una habitación propia! Por años tuve que compartir cuarto. El primero fue uno grande, dividido con biombos, en el que apiñados cabíamos mis cuatro hermanos, yo, mi madre y su marido nuevo. En otro, mi padre me ordenaba que dejara de escribir estupideces y que me durmiera ya, a pesar de sus ronquidos. Finalmente, me mudé a un salón con un nuevo compañero. Con él intercambiaba las horas de los días, pero por las noches nunca coincidíamos en nada: mientras él, dormido, tomaba todas mis decisiones, yo tenía pesadillas infernales.

¡Ay, Virginia! El codiciado espacio siempre estuvo frente a mis narices. Tal vez nunca escriba un poema épico, una novela, un libro de cuentos. Lo cierto es que mientras restriego ollas y sartenes, al fin sola, me siento libre.

NUNCA APARECE MI IMAGEN

cuando me asomo al espejo.
La de mi madre, sí, y la de mi padre.
Mis hijos, uno tras otro, y hasta el gato,

se turnan para mostrarse.
Lo hacen y me miran perplejos
como si yo fuera un fantasma

y no creyeran lo que ven.
Soy solo yo, les digo.
Ellos chasquean la lengua y se alejan.

PARECIERA QUE LO IMPORTANTE

ha de hacerse en pareja
como lo hacen los pulmones,
los oídos, los ojos, los pies, las manos

—exceptuemos al autosuficiente hígado
o al corazón—. Y hablando de extremidades
cuán terrible debe ser ir por la vida mutilados.

Por fortuna no es imposible ser un manco
o un cojo feliz.

VÍNCULO MATRIMONIAL

La duración depende del material,
la laboriosidad de la manufactura,
o una feliz combinación de ambos elementos.

Es cierto que no se puede precisar si durará
diez, quince, veinte, o solo un año, como si se tratara
de un automóvil o una secadora de ropa. Pero,

al igual que a una útil y entrañable máquina,
tal vez con una revisión profunda, algún cambio de piezas,
con cuidado de no empeorar las circunstancias,

sea posible intentar extenderle la vida útil. Por desgracia,
hay bienes que no duran para siempre. Tienen irrevocable
fecha de caducidad impresa en alguna parte.

Ya no busques culpables en esa caja de recuerdos viejos.
Solo encontrarás garantías que expiraron hace mucho.

ME LA ENCONTRÉ EN EL BUS

Leía un libro gastado junto a la ventana.
De inmediato la reconocí: era yo misma, veinte años más joven.
Quise hablarle, prevenirle,

decirle que no pensara demasiado,
que jamás amara al prójimo más que a sí misma.
Que leyera mucho, mucho más

de lo que escribiera.
Mejor aún, que nunca garabateara
un ridículo verso: la poesía no sirve para nada.

Pero guardé silencio.
Cuando cruzamos miradas, me miró con lástima,
como a la mujer amargada que ella nunca sería.

CORAZÓN ATRAVESADO POR UNA FLECHA

Fue como atrapar un momento en una red
antes de que volara muy lejos.
Debió ser ella quien escribió en el muro

a falta de árbol. No, fue él quien
puso primero el nombre de ella.
El que se sienta a recordar ocupa otra piel,

una manchada y arrugada ya.
La que no recuerda habita su estrella apagada
a miles de kilómetros.

Conjuraron a sus antiguos fantasmas
cuando pintaron la pared.

SIENDO UN CONEJO NO ESTABA BIEN

tener el pelaje celeste, si los demás eran blancos, marrones,
negros o moteados. No poder saltar también era
humillante al carecer de patitas ágiles.

Además, la piel se le había desprendido en muchas partes
y la cola estaba a punto de separarse
de su pequeño cuerpo.

Al niño esos detalles parecían no importarle:
reclamaba todo el día su presencia, por las noches, al dormirse,
con fuerza lo abrazaba hasta asfixiarlo casi.

Y es que hasta el amor de verdad duele un poco.

TENGO UN TOMATE ENTRE MIS MANOS

Lo escogí de entre una veintena en una cesta del mercado.
¿Por qué fue este y no otro? No podría explicarlo.
Supongo que él y yo estuvimos conectados de algún modo,

predestinados a juntarnos, tal vez. En su génesis,
mi nombre debió imprimírsele como destino final, aunque
su arbusto madre creciera y floreciera tan lejos.

Nuestra historia se parece a la de aquellos amantes
que acomodan sus estrellas para afirmar que debían encontrarse.
Solo que mi aventura con este fruto rojo, que ya desciende

por mi tracto, me produce más asombro que cualquier otra.
Oh, tomate, tú, sí, fuiste creado para mí.

CUPIDO POR AHÍ REVOLOTEABA

Parecía un dron, ese niño perverso.
Traté de esconderme. La última vez que atinó, tuve que
arrancarme la flecha del cuerpo con indescriptible dolor.

Pero él es como las fieras: huele tu miedo.
Esquivé su primer dardo.
Los siguientes casi me alcanzan

en la pierna izquierda y en la oreja derecha.
En algún momento te vas a descuidar
y verás, lloriqueó batiendo las alas.

Su rabia creaba remolinos de polvo.

DE MIS AMIGOS IMAGINARIOS RECUERDO

especialmente a uno:
el que en mis raptos de locuacidad
siempre contestaba mis llamadas telefónicas.

Nunca me dejaba hablando sola
y escuchaba de principio a fin mis monótonas anécdotas.
Tampoco murmuraba al hacerle yo

alguna extraña confesión.
Y al cabo de varias horas aún tenía la ocurrencia
de besarme y abrazarme a la distancia.

EL GRAS SE TORNA AZUL

cuando pasta mi unicornio.
Le ofrezco la incondicionalidad de los árboles.

Pasarán por mí las estaciones.
No me moveré de aquí a menos que me arranquen.

El sol nos lame. Un taxi hace sonar su bocina.
Se acerca y con su único cuerno, me toca sin herirme.

No existo, murmura.

DE TODAS LAS QUE INVOQUÉ

el Hada de la Soledad
es la única que ha aparecido en el acto.
¿De veras quieres que me quede?, me pregunta.

Yo adivino su expresión incrédula detrás del velo
con el que suele tapar su rostro.
¿Por qué no?, le digo, pero te advierto

que ya fracasé muchas veces en mi rol de acompañante.
Siempre termino absorbiendo al otro:
me adhiero como alimaña y causo más molestia que placer.

No importa —responde, al tiempo que se acomoda junto a mí
y curiosea el libro que examino—,
veremos qué pasa.

Sobre la autora

Gloria Portugal Pinedo (Trujillo, Perú, 1976)
Ha publicado los poemarios *Insanías* (2010), ganador del II Concurso Nacional de Poesía de Mujeres *Scriptura*; *Estrellas en el cielorraso* (2016); *Canción del manicomio* (2021); y *El libro de los lugares lejanos* (2022). En narrativa: *Cuatrojos* (2017), primer premio en la VI Bienal de Cuento Infantil ICPNA; y *A lo mejor soy otro* (2025).

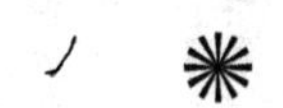

2025
Impreso en Buenos Aires,
Buenos Aires Poetry
www.editorialbuenosairespoetry.com